Dan Holder und Martina Holder-Franz
(Hrsg.)

Ich möchte mit dir sein

Ermutigende Texte

arteMedia

Die Deutsche Nationalbibliothek verzeichnet diese Publikation in der Deutschen Nationalbibliografie; detaillierte bibliografische Daten sind im Internet über http://dnb.ddb.de abrufbar.

ISBN 978-3-905290-79-0

Textauswahl: Dan Holder und Martina Holder-Franz

Wo nicht anders angegeben, entstammen die Bibeltexte der Lutherübersetzung 1984.

Alle Texte mit dem Kürzel *D&M.H* stammen von Dan Holder und Martina Holder-Franz.

Fotos: Dan Holder, Martina Holder-Franz, Sophia Holder

Umschlaggestaltung & Layout: Elke Arend-Heidbrinck

www.arte-media.ch

Gedruckt von Friedrich Pustet GmbH & Co. KG
93008 Regensburg, Deutschland

Wir danken Gott für die vielen Menschen,
die uns auf unserem geistlichen Pilgerweg
begleitet und ermutigt haben
– und es noch immer tun.

Über die Autoren

Dan und Martina Holder-Franz arbeiten seit 2009 als Pfarrer und Pfarrerin in der Evangelisch Reformierten Kirchgemeinde Riehen-Bettingen. Zuvor waren sie elf Jahre im Pfarramt in Muhen bei Aarau.

Dan Holder verbrachte seine Kindheit in England bevor er 1983 mit seiner Familie nach Basel kam. Martina Holder-Franz lebte die ersten fünfzehn Jahre in Thüringen und kam 1984 mit ihrer Familie in den Kanton Aargau.

Gemeinsam leiten sie das Evangelische Studienhaus Meierhof Riehen/Basel.

Sie haben vier Kinder: Sophia, David, Benedict und John.

Inhalt

Geleitwort

Das Leben ist oft sehr zerbrechlich und verwundbar. Im Laufe unserer Lebenswege machen wir immer wieder die Erfahrung, dass Ängste, Schmerzen, Krisen und Trauer zum menschlichen Leben dazugehören. Oftmals werden an uns als Pfarrer und Pfarrerin Fragen gerichtet: »Warum lässt Gott das zu?«, »Hat das alles noch einen Sinn?«, »Wie soll ich das aushalten?«. In Stürmen und Dunkelheit findet sich Tröstendes nicht schnell und einfach. Oft ist das Schweigen und das in der Stille Mittragen Quelle der Hoffnung. Immer wieder machen wir auch die Erfahrung, dass Bibeltexte, das Nacherzählen biblischer Geschichten und Gebete Licht in eine dunkle Zeit hineintragen. Im vorliegenden Band haben wir einige Bibeltexte, Gebete und Segenswünsche zusammengestellt. Wir hoffen, dass es Worte sind, die auch Sie ermutigen.

»Ich möchte mir dir sein«– mit dem Titel dieses Buches erinnern wir an die Verheißung aus dem Josuabuch 1,5, welche auch im Hebräerbrief aufgenommen wird. Gott spricht: »Ich will dich nicht verlassen noch von Dir weichen.« Möge diese Verheißung wie ein Licht auf Ihrem Weg sein und wie frisches Quellwasser in Wüstenerfahrung.

Dan Holder und Martina Holder-Franz

1 Wo bist Du?

Wie ein Hirsch lechzt nach frischem Wasser,
so schreit meine Seele, Gott, zu dir.
Meine Seele dürstet nach Gott,
nach dem lebendigen Gott.
Wann werde ich dahin kommen,
dass ich Gottes Angesicht schaue?
Meine Tränen sind meine Speise Tag und Nacht,
weil man täglich zu mir sagt:
Wo ist denn dein Gott?

Psalm 42, 1–4

Mein Gott, ich bin so mutlos geworden. Verzweiflung macht sich breit wie riesige Wellen, sie bedrohen mich. Ich kann sie nicht aufhalten. Warum hast Du mich vergessen? Warum fühle ich mich so elend? Den Worten anderer traue ich nicht mehr! Kann ich Dir vertrauen?

nach Psalm 42

Stell mir Dein Licht und Deine Treue zur Seite! Steh mir bei, Gott! Auf Dich will ich hoffen! Du bist mein Gott.

nach Psalm 42 / 43

Meine Seele ist unruhig in mir,
bis sie Ruhe findet in Dir.

Aurelius Augustinus

Gott, in mir ist es finster,
aber bei dir ist das Licht;
ich bin einsam,
aber du verlässt mich nicht;
ich bin kleinmütig,
aber bei Dir ist die Hilfe;
ich bin unruhig,
aber bei dir ist der Friede;
in mir ist Bitterkeit,
aber bei dir ist die Geduld;
ich verstehe deine Wege nicht,
aber du weißt den Weg für mich.

Dietrich Bonhoeffer

Ich weine vor dir

Wohin soll ich fliehen,
wenn nicht unter Dein Kreuz?
Nichts mehr bin ich
als Schmerz.
Ich berge mein Gesicht
auf Deinen Füssen.
Keine Worte
habe ich mehr,
nur Tränen.
Du sagtest Ja
zum Kelch des Leidens.
Du wartest,
dass auch ich ihn nicht von mir weise,
aber das, Gott,
übersteigt meine Kräfte.

Ich bin nicht tapfer.
Ich bin kein Fels des Glaubens.
Ich bäume mich auf
wie ein Tier, das scheut
vor übermächtiger Bedrohung.
Aufgewühlt ist meine Seele
wie das Meer,
das der Sturm aufpeitscht.
Du hattest Angst
wie ich
und gingst den Kreuzesweg dennoch.
Leg Deinen Arm um mich.
Sprich Du für mich,
was mir nicht über die Lippen will:
Vater, es geschehe dein Wille.

Antje Sabine Naegeli

2 Im Sturm

Und am Abend jenes Tages sprach Jesus zu seinen Jüngern: »Kommt, wir fahren zum anderen Ufer hinüber!« Die Jünger verabschiedeten die Leute, dann stiegen sie ins Boot, in dem Jesus noch saß und fuhren los. Auch andere Boote fuhren mit.

Da kam ein schwerer Sturm auf, sodass die Wellen ins Boot schlugen. Das Boot füllte sich schon mit Wasser. Jesus aber lag hinten im Boot auf einem Kissen und schlief. Die Jünger weckten ihn auf und riefen: »Meister, kümmert es dich nicht, dass wir untergehen?«

Jesus stand auf, sprach ein Machtwort zu dem Sturm und befahl dem tobenden See: »Schweig! Sei still!« Da legte sich der Wind und es wurde ganz still.

»Warum habt ihr solche Angst?«, fragte Jesus. »Habt ihr denn immer noch kein Vertrauen?« Sie aber fürchteten sich sehr und sprachen untereinander: »Wer ist dieser, dass ihm sogar Wind und Meer gehorchen!«

Markus 4, 35–41 (Gute Nachricht)

Jesus, mitten in den Stürmen meines Lebens gehe ich zu Dir. Schläfst du? Bist du da? Nie kamst du mir so weit weg vor wie jetzt. Generationen vor mir haben an dich geglaubt. Zu dir schrien sie und hofften auf Rettung, auch die Jünger im Sturm. Ich bete, dass der Sturm sich legt und dass du die Wellen beruhigst, auf dass ich Sterne in der Finsternis sehe und das Licht eines neuen Tages.

D&M.H

Wenn meine Seele Tränen vergießt,
wenn mein Herz in Sehnsucht sich verzehrt,
wenn mein ganzes Wesen in Erschöpfung
erschaudert,
Komm, o Jesus, ich flehe dich an, Komm.
Sei nahe, Erwecker und Tröster!
Was willst du mir sagen
durch diese Leute,
durch diese Umstände,
durch diese Zeitspanne?

Litauische Gefangene

Im Sturm

Im Sturm halte Ausschau nach dem,
der sich erhebt,
wenn Wasserwogen dich bedrohen;
hab' keine Angst vor'm Untergehen.

Im Sturm halte Ausschau nach dem,
der in Vollmacht spricht,
wenn Worte fehlen;
kommt dir entgegen,
kämpft für dich.

Im Sturm halte Ausschau nach dem,
der bei dir ist: Jesus Christ.

D&M.H

Gott hilft uns nicht immer am Leiden vor-
bei, aber er hilft uns hindurch.

Johann Albrecht Bengel

In jeder Nacht, die mich umfängt,
darf ich in deine Arme fallen,
und du der nichts als Liebe denkt,
wachst über mir, wachst über allen.
Du birgst mich in der Finsternis.
Dein Wort bleibt noch im Tod gewiss.

Jochen Klepper

Irischer Segen

Gott gebe dir für jeden Sturm
einen Regenbogen,
für jede Träne ein Lächeln,
für jede Sorge eine Aussicht
und eine Hilfe in jeder Schwierigkeit.
Für jedes Problem, das das Leben schickt,
einen Freund, es zu teilen,
für jeden Seufzer ein schönes Lied
und eine Antwort auf jedes Gebet.

Quelle unbekannt

Ich glaube,
dass Gott uns in jeder Notlage
soviel Widerstandskraft geben will,
wie wir brauchen.
Aber er gibt sie nicht im voraus,
damit wir uns nicht auf uns selbst,
sondern allein auf ihn verlassen.

Dietrich Bonhoeffer

Jesus Christus spricht: In der Welt habt ihr Angst, aber seid getrost, ich habe die Welt überwunden.

Johannes 16, 33

Der Baum auf dem Berge nimmt hin, was das Wetter auch bringen mag. Er kann nur eins tun: seine Wurzeln so tief wie möglich treiben und bereit werden, standzuhalten.
Unsere Wurzeln sind in dir, Herr.
So halten sie fest in jedem Sturm, der an Leib, Seele und Geist rüttelt.

Corrie ten Boom

3 Ausschau halten

Ich erhebe meine Augen auf zu den Bergen:
Woher kommt mir Hilfe?
Meine Hilfe kommt vom Herrn,
der Himmel und Erde gemacht hat.
Er wird deinen Fuß nicht gleiten lassen,
und der dich behütet, schläft nicht.
Siehe, der Hüter Israels schläft und
schlummert nicht.
Der Herr behütet dich;
der Herr ist dein Schatten über deiner
rechten Hand,
dass dich des Tages die Sonne nicht steche, noch
der Mond des Nachts.
Der Herr behüte dich vor allem Übel,
er behütet dein Leben.
Der Herr behütet deinen Ausgang
und Eingang,
jetzt und in Ewigkeit.

Psalm 121

Gott, jeden Tag muss ich aufbrechen
ins Ungewisse.
Für jeden Tag, für jeden kleinen Schritt
brauche ich Mut, Kraft und Vertrauen.
Gott, manchmal ist jeder Schritt zu viel,
aber ich will ihn wagen,
weil du mir sagst,
dass du mich liebst.

D&M.H

Ich glaube an die Sonne,
auch wenn sie nicht scheint.
Ich glaube an die Liebe,
auch wenn ich sie nicht spüre.
Ich glaube an Gott,
auch wenn ich ihn nicht sehe.

Jüdische Inschrift im Warschauer Ghetto

Ich glaube an Christus,
so wie ich glaube, dass die Sonne
aufgegangen ist,
nicht nur, weil ich sie sehe,
sondern weil ich durch sie
alles andere sehen kann.

C.S. Lewis

Gott, gib mir die Gelassenheit,
Dinge hinzunehmen,
die ich nicht ändern kann,
den Mut, Dinge zu ändern,
die ich ändern kann,
und die Weisheit,
das eine von dem andern zu unterscheiden.

Quelle unbekannt

Gott hat mich gesandt,
den Elenden gute Botschaft zu bringen,
die zerbrochenen Herzen zu verbinden,
zu trösten alle Trauernden.

Jesaja 61, 1a

Gib mir einen reinen Sinn –
dass ich dich erblicke,
einen demütigen Sinn –
dass ich dich höre,
einen liebenden Sinn –
dass ich dir diene,
einen gläubigen Sinn –
dass ich in dir bleibe.

Dag Hammerskjörd

Jesus Christus spricht:
Kommt her zu mir, alle,
die ihr mühselig und beladen seid;
ich will euch stärken.

Matthäus 11, 28 (Neue Zürcher Übersetzung)

Glauben heißt erkennen, dass die Aufgabe,
die vor uns liegt, nie so groß ist wie die Kraft,
die hinter uns steht.

Quelle unbekannt

Gott,
wenn Mutlosigkeit mich überfällt,
sende du deine Boten, die mich stärken;
wenn mich meine Kraft verlässt,
so gehe du selbst voraus,
deine Gegenwart ist genug.

D&M.H

Sich freuen heißt: Ausschauen nach
Gelegenheit zur Dankbarkeit.

Karl Barth

Zwiesprache mit Elia

Ein Prophet warst du, einer der sich traute zu sagen, was Sache war. Die Menschen, sie liefen vielen Göttern und Götzen hinterher, du warntest sie, doch sie wollten nicht auf dich hören. Ich bin kein Prophet. Ich sage auch nicht, was Sache ist, aber ich leide auch darunter, dass wir Menschen oft die Orientierung verloren haben, Gottes Stimme im Lärm nicht mehr hören. Oft bin ich unsicher, wer überhaupt in Gottes Namen spricht.

Elia, mich wundert es nicht, dass dich dein Weg aufgezehrt hat und du müde wurdest, ja auch dein Körper und Seele schmerzten und du tiefe Trauer und Angst empfandest. Dein Leben war bedroht, du bist davon gerannt und konntest Gott nur noch sagen: »Ich kann nicht mehr!« Das habe ich auch schon erlebt. Dir hat Gott einen Engel in die Wüste geschickt, er hat dich wach gerüttelt und dir Stärkung gebracht. Du aber bist gleich wieder eingeschlafen, so erschöpft warst du. Gott schickte noch einmal seinen Boten, wieder brachte er Speise, die mehr war als Brot. Das hat dir gut getan. Du hattest neue Kraft für deinen Weg, der immer noch ein bedrohter war. Noch immer warst du ängstlich, noch immer mutlos. Da sprach Gott zu Dir: »Ich möchte dir vorausgehen!«, du wusstest nicht, wie du dir das vorstellen solltest. So hast du gewartet: Es kam ein Sturm, aber Gott war nicht im Sturm. Es kam ein Feuer, aber Gott war nicht im Feuer. Dann kam ein leises Wehen. Und du wusstest, jetzt ist Gott bei mir.

D&M.H

Man kann sagen, dass in jedem Gebet ein
Engel auf uns wartet, weil jedes Gebet den
Betenden verändert, ihn stärkt, indem es
ihn sammelt und zu der äußersten Auf-
merksamkeit bringt, die im Leiden uns
abgezwungen wird und die wir im Lieben
selber geben.

Dorothee Sölle

Mein Herr und mein Gott,
nimm alles von mir, was mich hindert zu dir.
Mein Herr und mein Gott, gib alles mir,
was mich führet zu dir!
Mein Herr und mein Gott, nimm mich mir
und gib mich ganz zu eigen dir.

Niklaus von der Flüe

Jesus spricht: Ich will den Vater bitten, und
er soll euch einen andern Tröster geben,
dass er bei euch bleibe ewiglich.

Johannes 14, 16 (Neue Zürcher Übersetzung)

Nun sich das Herz von allem löste,
was es an Glück und Gut umschließt,
komm, Tröster, Heiliger Geist, und tröste,
der du aus Gottes Herzen fließt.

Jochen Klepper

Gott hat uns nicht gegeben den Geist der
Furcht, sondern der Kraft und der Liebe
und der Besonnenheit.

2. Timotheus 1, 7

4 Hoffnungswege

Der Herr ist mein Hirte,
mir wird nichts mangeln.
Er weidet mich auf einer grünen Aue
Und führet mich zu frischem Wasser.
Er erquicket meine Seele.
Er führet mich auf rechter Straße
um seines Namens willen.
Und ob ich schon wanderte im finsteren Tal,
fürchte ich kein Unglück;
denn du bist bei mir,
dein Stecken und Stab trösten mich.
Du bereitest vor mir einen Tisch
im Angesicht meiner Feinde,
Du salbst mein Haupt mit Öl
und schenkst mir voll ein.
Gutes und Barmherzigkeit werden mir folgen
mein Leben lang,
und ich werde bleiben
im Hause des Herrn immerdar.

Psalm 23

Gott, wie viele Menschen haben wohl diesen Psalm schon gebetet? Wie viele in verzweifelten und traurigen Stunden, wie viele in Freude und in Dankbarkeit? Fremd und zugleich vertraut wirken seine Worte. Berge und Täler, Licht und Finsternis, Weggemeinschaft und Einsamkeit gehören zusammen. Hilf mir hören, hilf mir sehen, hilf mir beten, damit auch ich meinen Weg gehen kann:

»Der Herr ist mein Hirte …

Und ob ich schon wanderte im finsteren Tal, fürchte ich kein Unglück, denn du bist bei mir.«

D&M.H

Ich weiß nicht, wohin mich Gott führt,
aber ich weiß, dass er mich führt.

Gorch Fock

Alle Bücher, die ich gelesen habe,
haben mir den Trost nicht gegeben,
den mir dies Wort der Bibel gab:
Der Herr ist mein Hirte,
mir wird nichts mangeln.

Immanuel Kant

Der bekannte China-Missionar Hudson Tayler
hat in jeder kleinen Wohnung, die er im Laufe
seines Lebens bezog, eine Tafel angebracht. Auf
dieser standen vier Worte in hebräischer Sprache:
»Eben Ezer, Jahwe Jireht«. Diese Worte waren
zwei alttestamentlichen Geschichten entnommen
und bedeuten: »Gott hat geholfen. Gott sieht. Er
wird auch weiter helfen.«

Jürgen Werth

Jesus Christus spricht: Ich bin der gute Hirte.
Der gute Hirte lässt sein Leben für die Schafe
… Meine Schafe hören meine Stimme
und ich kenne sie, und sie folgen mir;
und ich gebe ihnen das ewige Leben,
und sie werden nimmermehr umkommen,
und niemand wird sie aus meiner
Hand reißen.

Johannes 10, 11 und 27–28

Was ist dein einziger Trost im Leben
und im Sterben?

Dass ich mit Leib und Seele
im Leben und im Sterben nicht mir,
sondern meinem getreuen Heiland
Jesus Christus gehöre.
Er hat mit seinem teuren Blut
für alle meine Sünden vollkommen bezahlt
und mich aus aller Gewalt des Teufels erlöst;
und er bewahrt mich so, dass
ohne den Willen meines Vaters im Himmel
kein Haar von meinem Haupt kann fallen,
ja, dass mir alles zu meiner
Seligkeit dienen muss.
Darum macht er mich auch
durch seinen Heiligen Geist
des ewigen Lebens gewiss
und von Herzen willig und bereit,
ihm forthin zu leben.

Erste Frage des Heidelberger Katechismus

Und letztlich ist für mich der Glaube das,
nämlich ein Geschenk der Liebe,
aus Liebe zur Liebe.

Cicely Saunders

Dass die Vögel der Sorge und des Kummers
über deinem Haupt fliegen,
kannst du nicht ändern.
Aber dass sie Nester
in deinem Haar bauen,
das kannst du verhindern.

Martin Luther

Von guten Mächten wunderbar geborgen,
erwarten wir getrost was kommen mag.
Gott ist mit uns am Abend und am Morgen
Und ganz gewiss an jedem neuen Tag.

Dietrich Bonhoeffer

Gott hat seinen Engeln befohlen,
dass sie dich behüten auf
all deinen Wegen.

Psalm 91, 11

Der russische Schriftsteller Tolstoi erzählt,
dass er eines Tages auf einem Spaziergang
einem Bauern begegnete und sich zwischen
ihnen ein Gespräch entspann. Der Bauer
sagte zu Tolstoi: »Ich lebe für Gott.« Er ver-
mochte den Grund seiner Seele in vier Worte
zu kleiden. Da sagte sich Tolstoi: »Ich habe
so viel Wissen, eine so hohe Bildung, und es
gelingt mir nicht, dieselben Worte zu sagen
wie dieser Bauer.« Vertrauen auf Gott lässt
sich nicht durch hart vorgebrachte Argu-
mente vermitteln, die quälende Unruhe, ja
Angst hervorrufen, weil sie um jeden Preis
überzeugen wollen. Einen Ruf des Evangeli-
ums nimmt man zuallererst mit dem Herzen
auf, mit den inneren Tiefen.

Frère Roger, Taizé

Ängstlichkeit nimmt nicht dem Morgen
seine Sorgen, aber dem Heute seine Kraft.

Charles H. Spurgeon

Spuren im Sand

Eines Nachts hatte ich einen Traum.
Ich wanderte mit Gott dem Meer entlang im
Sand. Über mir am dunklen Himmel sah ich
mein Leben in Bildern vorüberziehen. Und ich
sah hinter mir Fußspuren von zwei Wanderern.
Meine eigene und die Gottes. Als das letzte Bild
meines Lebens aufleuchtete, blickte ich noch einmal zurück. Ich erschrak. Oft war nur die Spur
eines einzelnen Wanderers zu sehen, und zwar
immer in den Zeiten meines Lebens, die mir
als besonders trostlos und düster in Erinnerung
waren. Ich geriet ins Grübeln und fragte Gott:
»Du hast mir zugesagt, mir jederzeit beizustehen.
Aber jetzt entdecke ich: in den dunklen Zeiten
meines Lebens findet sich nur ein Fußabdruck.
Warum hast du mich im Stich gelassen, als ich
dich am meisten brauchte?« Da antwortete Gott:
»Ich liebe dich. Ich würde dich nie allein lassen.
Dort, wo du nur eine Spur siehst, in den Zeiten,
in denen du es am schwersten hattest, habe ich
dich getragen.«

Margret Fishback Powers

5 Auferstehungszeichen

Auf dem Weg nach Emmaus

Der Evangelist Lukas erzählt im Kapitel 24 von zwei Freunden, die sich gemeinsam auf den Weg machen. Sie hatten Jesu Leiden und seinen Tod in Jerusalem miterlebt. Nun wollten sie weg, weg aus Jerusalem, nach Emmaus. Traurig und leer fühlen sie sich. Bis sich ein Dritter zu ihnen gesellt.

Und es geschah, während sie miteinander redeten und sich besprachen, dass Jesus selbst sich zu ihnen gesellte und sie begleitete. Doch ihre Augen waren gehalten, so dass sie ihn nicht erkannten. Er aber sagte zu ihnen: Was sind das für Worte, die ihr da unterwegs miteinander wechselt? Da blieben sie mit düsterer Miene stehen. Der eine aber, mit Namen Klopas, antwortete ihm: Du bist wohl der Einzige, der sich in Jerusalem aufhält und nicht erfahren hat, was sich in diesen Tagen dort zugetragen hat. Und er sagte zu ihnen: Was denn? Sie sagten zu ihm: Das mit Jesus von Nazaret, der ein Prophet war, mächtig in Tat und Wort vor Gott und dem ganzen Volk, und wie unsere Hohen Priester und führenden Männer ihn ausgeliefert haben, damit er zum Tod verurteilt würde, und wie sie ihn gekreuzigt haben. Wir aber hofften, er sei es, der Israel erlösen werde; doch jetzt ist es schon drei Tage her, seit dies geschehen ist. Doch dann haben uns einige Frauen, die zu uns gehören, in Schrecken versetzt. Sie waren frühmorgens am Grab, und als sie den Leib nicht fanden, kamen sie und sagten, sie hätten gar eine Erscheinung von Engeln gehabt, die gesagt hätten, er lebe. Da gingen einige der Unsrigen zum Grab und fanden es so, wie die Frauen gesagt hatten; ihn aber haben sie nicht gesehen. Da sagte er zu ihnen: Wie unverständig seid ihr doch und trägen Herzens! Dass ihr nicht glaubt nach allem, was die Propheten gesagt haben! Musste der Gesalbte nicht solches erleiden und so in seine Herrlichkeit eingehen? Und er fing an bei Mose und allen Propheten und legte ihnen aus, was in allen Schriften über

ihn steht. Und sie näherten sich dem Dorf, wohin sie unterwegs waren, und er tat so, als wolle er weitergehen. Doch sie bedrängten ihn und sagten: Bleibe bei uns, denn es will Abend werden, und der Tag hat sich schon geneigt. Und er ging hinein und blieb bei ihnen. Und es geschah, als er sich mit ihnen zu Tisch gesetzt hatte, dass er das Brot nahm, den Lobpreis sprach, es brach und ihnen gab. Da wurden ihnen die Augen aufgetan, und sie erkannten ihn.

Lukasevangelium 24, 15–31 (Neue Zürcher Übersetzung)

Auf dem Weg nach Emmaus.
Der Dazugekommene fragt nach,
hört zu, legt die Schrift für sie aus.
Diese Weggemeinschaft tut gut.
Und dann beim Teilen von dem was stärkt und
nährt, erfahren sie, dass Jesus lebt,
dass der Auferstandene mitten unter ihnen ist.

D&M.H

Fürwahr,
er trug unsere Krankheit
und lud auf sich
unsere Schmerzen.
Er ist um unserer Missetat
willen verwundet
und um unserer Sünde willen zerschlagen.
Die Strafe liegt auf ihm,
auf dass wir Frieden hätten,
und durch seine Wunden
sind wir geheilt.

Jesaja 53, 4–5

Hilf mir, Herr,
die Verworrenheit der Dinge
durch die Klarheit des Glaubens zu lichten.
Und was schwer auf mir lastet,
durch die Kraft des Vertrauens zu verwandeln.
Dass ich von Dir geliebt bin,
ist Antwort auf jede Frage,
gib, dass mich diese Antwort sicher macht,
wenn das Weitergehen schwer fällt.

Romano Guardini

Der große Stein

Ich erinnere mich noch wie ich als Kind meinem Vater zuhörte als er die Ostergeschichte laut vorlas. Es beeindruckte mich, dass er immer wieder auf's Neue von dieser Botschaft ergriffen war. Ich weiß noch ganz genau, dass er stets so langsam und ausdrucksvoll las, dass ich beim Hören jede Szene vor meinem geistigen Auge sehen konnte und mir einbildete ich könne sogar hören und riechen wie es damals war: Ich sah wie die Frauen früh am Morgen, dick umhüllt mit Tüchern gegen die Kälte, traurig zum Grab gingen; eine von ihnen trug ein getöpfertes Gefäß mit kostbarem Salböl. Sie wollten zu Jesus, obwohl er doch im Grab lag! Und vor diesem Grab lag ein großer Stein. Ich stellte ihn mir riesig und unsagbar schwer vor.

Doch als sie beim Grab angekommen waren, stand das Grab offen, der große Stein war plötzlich weg, nur ein weißes Gewand war zu sehen. Die Frauen sahen verzweifelt aus.

Was war geschehen?

Doch ich begann mich zu freuen und hätte am liebsten den Frauen erzählt, dass nun alles gut wird und sie sich nicht mehr zu fürchten brauchen. Und wie froh wurde ich als mein Vater las: »Habt keine Angst. Ihr sucht Jesus, den Gekreuzigten. Er ist auferstanden.«

Ich konnte es mir nicht recht vorstellen, aber ich wusste, der große Stein, er war weg!

D&M.H

Wenn es so etwas wie Zukunftsmusik gibt, dann war sie damals, dann ist sie am Ostermorgen an der Zeit: zur Begrüßung des neuen Menschen, über den der Tod nicht mehr herrscht. Das müsste freilich eine Musik sein – nicht nur für Flöten und Geigen, nicht für Trompeten, Orgel und Kontrabass, sondern für die ganze Schöpfung geschrieben, für jede seufzende Kreatur, so dass alle Welt einstimmen und groß und klein, und sei es unter Tränen, wirklich jauchzen kann, ja so, dass selbst die stummen Dinge und die groben Klötze mitsummen und mitbrummen müssen: Ein neuer Mensch ist da: geheimnisvoll uns allen weit voraus, aber doch eben da.

Eberhard Jüngel

Denn also hat Gott die Welt geliebt, dass er seinen eingeborenen Sohn gab, damit alle, die an ihn glauben, nicht verloren werden, sondern das ewige Leben haben.

Johannes 3, 16

Jesus spricht:
Ich bin die Auferstehung und das Leben.
Wer an mich glaubt wird leben,
auch wenn er stirbt;
und wer da lebt und glaubt an mich,
der wird nimmermehr sterben.

Johannes 11, 25–26

Wenn unsere Tage verdunkelt sind und
unsere Nächte finsterer als tausend Mitter-
nächte, so wollen wir stets daran denken,
dass es in der Welt eine große segnende
Kraft gibt, die Gott heißt. Gott kann Wege
aus der Ausweglosigkeit weisen. Er will
das dunkle Gestern in ein helles Morgen
verwandeln – zuletzt in den leuchtenden
Morgen der Ewigkeit.

Martin Luther King

Lasst uns danach streben,
Menschen gleich zu sein,
die an eine Auferstehung und
an ein Leben in der Zukunft glauben,
und lasst uns wünschen,
stets für jene andere Welt befreit zu sein.

John Charles Ryle

Wäre Christus nicht auferstanden und
hätte er nicht seinen Heiligen Geist gesandt,
wäre er uns nicht nahe.
Er bliebe eine der bemerkenswerten Gestalten
in der Geschichte der Menschheit.
Aber es wäre nicht möglich, mit ihm
Zwiesprache zu halten.
Wir würden es nicht wagen, ihn anzurufen.

Frère Roger, Taizé

6 Von der Kraft des Gebets

Unser Vater im Himmel
Geheiligt werde dein Name
Dein Reich komme.
Dein Wille geschehe,
wie im Himmel so auf Erden.
Unser tägliches Brot gib uns heute.
Und vergib uns unsere Schuld,
wie auch wir vergeben unseren Schuldigern.
Und führe uns nicht in Versuchung,
sondern erlöse uns von dem Bösen.
Denn dein ist das Reich und die Kraft
und die Herrlichkeit in Ewigkeit.

Matthäus 6, 9–13

Vom Sinn des Betens

Bete, und Du wirst entdecken,
dass Beten Sinn hat
und anders als durch Beten
wirst Du es nie entdecken.

Luise Rinser

Das Gebet ist eine Himmelsleiter,
auf welcher wir hinauf gen Himmel steigen,
und die heiligen Engel mit uns wieder herab.

Johann Arndt

Das Gebet im Sinne einer Bitte um etwas
bildet nur einen kleinen Teil des Gebets
überhaupt: Bekenntnis und Buße sind
seine Schwelle, Anbetung sein Heiligtum,
Gegenwart Gottes sein Brot und Wein.

C.S. Lewis

Das Gebet ist meiner Ansicht nach nichts
anderes als ein Gespräch mit einem Freund,
mit dem wir oft und gern allein zusammen-
kommen, um mit ihm zu reden,
weil er uns liebt.

Theresa von Avila

Ab und zu
Du
Gott noch immer Unbekannter
Berührst uns

Marie Luise Kaschnitz

Ich bitte nicht
um Wunder und Visionen,
Herr,
sondern um Kraft
für den Alltag.
Lehre mich die Kunst der kleinen Schritte.

Antoine de Saint-Exupéry

Die besten Gebete bestehen mehr
aus Seufzern als aus Worten.

John Bunyan

Zum Gebet braucht es nicht immer Worte,
aber immer Einsicht und
ein ergriffenes Herz.

Johannes Calvin

So wie ich bin komme ich zu Dir,
meine Gedanken, Nöte, meine Träume
bringe ich zu Dir.

Meine leeren Hände halte ich Dir hin,
fülle Du Leib, Seele und Geist
mit deiner Gegenwart.

Mein Herz sucht Deinen Frieden,
lass mich warten
auf Zeichen Deiner Freundlichkeit.

Meine Ohren hören auf Dein Wort,
lass es erklingen in mir,
so dass ich verstehe.

Eine Schale möchte ich sein,
Herr, füll' mich ganz mit Dir.

D&M.H

Gebet ist das Atemholen der Seele.

Johann Wolfgang von Goethe

Fürbitten heißt:
jemandem einen Engel senden.

Martin Luther

Betet füreinander!
Mit treuem Beten werden wir
alles überwinden.

Huldrych Zwingli

Die Frucht der Stille ist das Gebet.
Die Frucht des Gebets ist der Glaube.
Die Frucht des Glaubens ist die Liebe.
Die Frucht der Liebe ist das Dienen.
Die Frucht des Dienens ist der Friede.

Mutter Theresa

Ich bitte dich weder um Gesundheit
noch um Krankheit,
weder um Leben noch um Tod,
sondern dass du über meine Gesundheit
und über meine Krankheit,
über mein Leben und über meinen Tod
gebietest zu deiner Ehre,
zu meinem Heil und
zum Nutzen der Kirche und deiner Heiligen,
zu denen ich durch deine Gnade
zu gehören hoffe.
Du allein weißt, was mir dienlich ist;
du bist der alleinige Herr,
tu was du willst.
Gib mir, nimm mir,
aber bilde meinen Willen nach dem deinen …

Blaise Pascal

Gott ist so groß, dass er es wohl wert ist,
ihn sein Leben lang zu suchen.

Theresa von Avila

Meine persönliche Überzeugung
und Auffassung gipfelt in der Erkenntnis,
dass die Menschheit der Kraft des
Gebetes heute mehr bedarf als jemals
zuvor in der Geschichte.

Werner von Braun

Oh Herr, mach mich zu einem Werkzeug
Deines Friedens,
dass ich Liebe übe, wo man sich hasst,
dass ich verzeihe, wo man sich beleidigt,
dass ich verbinde, da wo Streit ist,
dass ich die Wahrheit sage,
wo der Irrtum herrscht,
dass ich den Glauben bringe,
wo der Zweifel drückt,
dass ich die Hoffnung wecke,
wo Verzweiflung quält,
dass ich ein Licht anzünde,
wo die Finsternis regiert,
dass ich Freude mache,

wo der Kummer wohnt.
Herr, lass mich trachten:
nicht, dass ich getröstet werde,
sondern dass ich tröste;
nicht, dass ich verstanden werde,
sondern dass ich verstehe;
nicht, dass ich geliebt werde,
sondern dass ich liebe.
Denn, wer da hingibt, der empfängt:
wer sich selbst vergisst, der findet;
wer verzeiht, dem wird verziehen;
und wer da stirbt, der erwacht zum ewigen Leben.

Franziskanisches Gebet aus Frankreich

7 Sei gesegnet

Der Herr segne dich
und behüte dich
Der Herr lasse sein Angesicht
leuchten über dir
und sei dir gnädig.
Der Herr erhebe sein Angesicht
auf dich
und gebe dir Frieden.

Aaronitischer Segen, 4. Mose 6, 24–26

Der Herr segne dich und behüte dich.
Er schaffe dir Schutz in allen Ängsten.
Er gebe dir Mut, nach Hilfe zu suchen
und Kraft, neue Wege zu gehen.

Der Herr lasse sein Angesicht leuchten
über dir und sei dir gnädig.
Gott sei Licht auf deinem Wege.
Er sei bei dir, wenn du durch
Dunkelheit gehst.
Er nehme dich bei der Hand
und gebe dir Zeichen seiner Nähe.

Er erhebe sein Angesicht auf dich
und schenke dir seinen Frieden.
So segne dich Gott Vater, Sohn und
Heiliger Geist.

D&M.H

Eine Segenserfahrung

Am Ende eines Gottesdienstes schließe ich oft meine Augen. Ich höre den aaronitischen Segen gerne, den einst Mose über das Volk Gottes sprach. Ich stelle mich unter diese Worte, die mich berühren, weil ich in Christus zu diesem Volk Gottes gehören darf. In diesen Worten höre ich mit anderen zusammen von der Gnade und Zugewandtheit Gottes. Ich höre vom Frieden, der mich mit der Botschaft vom Kreuz verbindet: Jesus Christus spricht (Johannes 14, 27): »Den Frieden lasse ich euch, meinen Frieden gebe ich euch. Nicht gebe ich euch, wie die Welt gibt. Euer Herz erschrecke nicht und fürchte sich nicht.«

D&M.H

Gepriesen sei Gott, der Vater
unseres Herrn Jesus Christus,
der uns in den Himmeln gesegnet hat
mit allem geistlichen Segen
durch Christus.

Epheser 1, 3 (Neue Zürcher Übersetzung)

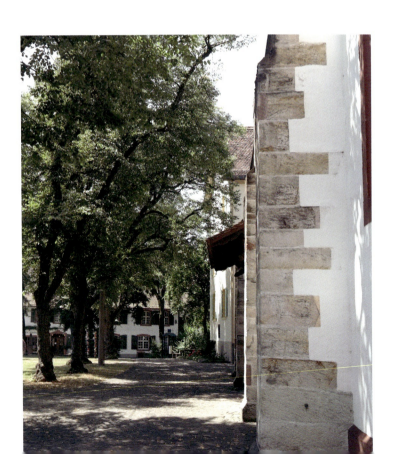

Wachsendes Vertrauen

Gott, der dich wahrnimmt,
lasse zu deiner Erfahrung werden,
was er dir zugesagt hat:
bei dir zu sein
in Angst und Unsicherheit,
zu dir zu stehen
in Ausweglosigkeit und Verlassenheit,
dich zu trösten,
wenn du bekümmert bist,
deine Bedürftigkeit
zu Herzen zu nehmen,
was immer auf dir lastet.
Er schenke dir,
was du dir selbst nicht geben kannst:
wachsendes Vertrauen
mitten in den Widersprüchen
des Lebens.

Sabine Naegeli

Ich danke dir,
mein himmlischer Vater,
durch Jesus Christus, deinen lieben Sohn,
dass du mich diese Nacht
vor Schaden und Gefahr behütet hast,
und bitte dich,
du wollest mich diesen Tag auch behüten
vor Sünden und allem Übel,
dass dir all mein Tun und Leben gefalle;
denn ich befehle mich,
meinen Leib und meine Seele
und alles in deine Hände.
Dein heiliger Engel sei mit mir,
dass der böse Feind keine Macht
über mich gewinne.

Martin Luthers Morgensegen

Gesegnet seid ihr vom Herrn,
der Himmel und Erde gemacht hat.

Psalm 115, 15 (Neue Zürcher Übersetzung)

Befiehl du deine Wege
und was dein Herze kränkt
der allertreusten Pflege
des, der den Himmel lenkt.
Der Wolken, Luft und Winden
gibt Wege, Lauf und Bahn,
der wird auch Wege finden,
da dein Fuß gehen kann.

Paul Gerhardt

Und ein Engel sprach:
Vertrauend vorwärts
liebend seitwärts,
glaubend aufwärts
dankend rückwärts.

Quelle unbekannt

Siehe, ich sende einen Engel vor dir her,
der dich behüte auf dem Weg.

2. Mose 23, 20a

Irischer Segen

Gott sei vor dir,
um dir den rechten Weg zu zeigen.
Gott sei neben dir,
um dich in die Arme zu schließen
und zu schützen.
Gott sei hinter dir,
um dich zu bewahren vor der
Heimtücke böser Menschen.
Gott sei unter dir,
um dich aufzufangen wenn du fällst,
um dich aus der Schlinge zu ziehen.
Gott sei in dir,
um dich zu trösten, wenn du traurig bist.
Gott sei um dich herum,
um dich zu verteidigen,
wenn andere über dich herfallen.
Gott sei über dir, um dich zu segnen.
So segne euch der barmherzige
und gütige Gott.
Der Vater und der Sohn und der Heilige Geist.
Amen

Olivia Warburton

8 Ich möchte mit dir gehen

Denn ich bin gewiss,
dass weder Tod noch Leben,
weder Engel noch Gewalten,
weder Gegenwärtiges noch Zukünftiges,
weder Hohes noch Tiefes,
noch irgend ein anderes Geschöpf
uns zu scheiden vermag von der Liebe Gottes,
die in Christus Jesus ist, unsrem Herrn!

Römer 8, 38–39

Starke Worte, ich könnte sie nicht so sagen!
Aber ich lasse sie mir zusprechen. Immer wieder
staune ich beim Lesen des Römerbriefes, wie
Paulus hier einen breiten Bogen spannt: da ist
von menschlicher Schuld die Rede, von Sehnsucht nach Rettung, vom Seufzen der Schöpfung, von der Bedeutung des Leidens, Sterbens
und der Auferstehung Christi. Über das neue
Leben in der Kraft des Heiligen Geistes wird hier
nachgedacht. Aber blieb nicht für Paulus das
menschliche Leben voller Anfechtung und Not?
Und doch merke ich diesen Zeilen an, dass da
einer vertraut, dass für ihn Christus stärker und
grösser ist als alle Bedrohung. Starke Worte, ich
möchte sie nachsprechen, mit anderen teilen.

D&M.H

Siehe, ich habe dir geboten,
dass du getrost und unverzagt seist.
Lass dir nicht grauen
und entsetze dich nicht;
denn der Herr, dein Gott, ist mit dir in allem,
was du tun wirst.

Josua 1, 9

Herr, bei dir bin ich sicher.
Wenn du mich hältst,
habe ich nichts zu fürchten.
Ich weiß wenig von der Zukunft,
aber ich vertraue auf dich.
Gib, was gut ist für mich.
Nimm, was mir schaden kann.
Wenn Sorgen und Leid kommen,
hilf mir, sie zu tragen.
Lass mich dich erkennen,
an dich glauben
und dir dienen.

John Henry Newman

Unablässig und zugleich in verlässlichem Rhythmus kommen und gehen die Stunden und Tage, wechseln sich Mond und Sonne ab. Ich danke Dir für die Jahre und Tage, die Du mir geschenkt hast. Du siehst mein Lachen und auch mein Weinen. Bei Dir ist mein Leben geborgen. Meine Zeit steht in Deinen Händen. Was wird kommen? Ich weiß es nicht. Doch wie der Mond oft nur halb zu sehen und doch rund und voll ist, so vertraue ich, dass das Verborgene bei Dir gut aufgehoben ist.
Meine Zeit steht in Deinen Händen.

Gedanken zu Psalm 31, 16

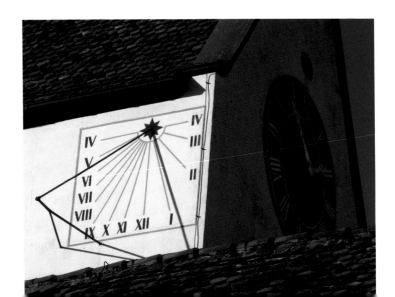

Du kannst nicht tiefer fallen
als nur in Gottes Hand,
die er zum Heil uns allen
barmherzig ausgespannt.
Es münden alle Pfade
durch Schicksal, Schuld und Tod
doch ein in Gottes Gnade,
trotz aller unsrer Not.

Arno Pötzsch

Es ist aber der Glaube eine Zuversicht
auf das, was man hofft,
eine Überzeugung von dem,
was man nicht sieht.

Hebräerbrief 11, 1 (Neue ZürcherÜbersetzung)

Jede Blüte will zur Frucht,
Jeder Morgen Abend werden,
Ewiges ist nicht auf Erden
Als der Wandel, als die Flucht.

Auch der schönste Sommer will
Einmal Herbst und Welke spüren.
Halte Blatt, geduldig still,
Wenn der Wind dich will entführen.

Spiel dein Spiel und wehr dich nicht,
Lass es still geschehen.
Lass vom Winde, der dich bricht,
Dich nach Hause wehen.

Hermann Hesse

Je schöner und voller die Erinnerung, desto schwerer ist die Trennung. Aber die Dankbarkeit verwandelt die Qual der Erinnerung in eine stille Freude. Man trägt das vergangene Schöne dann nicht wie ein Stachel, sondern wie ein kostbares Geschenk in sich.

Dietrich Bonhoeffer

Alles hat seine Zeit.
Geboren werden hat seine Zeit
und Sterben hat seine Zeit.
Pflanzen hat seine Zeit
und Ausreißen hat seine Zeit.
Weinen hat seine Zeit
und Lachen hat seine Zeit.
Schweigen hat seine Zeit
und Reden hat seine Zeit.

nach Prediger Kapitel 3

Der du allein der Ewge heißt
Und Anfang, Ziel und Mitte weißt
Im Fluge unserer Zeiten:
Bleib du uns gnädig zugewandt
Und führe uns an deiner Hand,
Damit wir sicher schreiten!

Jochen Klepper

Ich glaube,
dass Gott aus allem, auch aus dem Bösesten,
Gutes entstehen lassen kann und will.
Dafür braucht er Menschen,
die sich alle Dinge zum Besten dienen lassen.

Ich glaube,
dass Gott kein zeitloses Fatum ist,
sondern dass er auf aufrichtige Gebete
und verantwortliche Taten
wartet und antwortet.

Dietrich Bonhoeffer

Gott,
ich möchte mit dir gehen
und wenn ich es nicht schaffe, ringe und zweifle,
dann erinnere mich du daran, dass du mit mir
bist, da bleibst und aushältst.
Sei du meines Lebens Kraft, wie ein treuer
Freund an meiner Seite.
Amen

D&M.H

Quellennachweise

Die Zitate sind nach Titel bzw. Anfangsworten alphabetisch sortiert.
Trotz großer Sorgfalt konnten Herkunft und Rechte einiger Texte nicht geklärt werden. Hinweise bitte direkt an den Verlag.

»Ab und zu, Du« von Marie Luise Kaschnitz
zitiert nach: Evangelisches Kirchengesangbuch Thüringen, S. 736.

»Alle Bücher, die ich gelesen habe« von Immanuel Kant
zitiert nach: Evangelisches Kirchengesangbuch Thüringen, Nr. 741.

»Ängstlichkeit nimmt nicht dem Morgen seine Sorgen« von Charles H. Spurgeon:
zitiert nach: http://www.evangeliums.net/zitate/charles_haddon_spurgeon.htm (abgerufen am 1.1.2015).

»Befiehl du deine Wege« von Paul Gerhardt
zitiert nach: Evangelisch-reformiertes Gesangbuch Schweiz, Nr. 680.

»Betet füreinander« von Huldrych Zwingli
zitiert nach: http://gutezitate.com/zitat/258082 (abgerufen am 1.1.2015).

»Das Gebet im Sinne einer Bitte« von C.S. Lewis
zitiert nach: C.S. Lewis, Die letzte Nacht der Welt, Brunnen-Verlag Giessen, 1995.

»Das Gebet ist eine Himmelsleiter« von Johann Arndt
aus: Johann Arndt, Paradiesgärtlein voller christlicher Tugend, 1612.

»Das Gebet ist meiner Ansicht nach« von Theresa von Avila:
zitiert nach: http://www.evangeliums.net/zitate/teresa_von_avila.htm (abgerufen am 1.1.2015).

»Dass die Vögel der Sorge« von Martin Luther
zitiert nach: Evangelisches Kirchengesangbuch Thüringen, Nr. 677.

»Der Baum auf dem Berge« von Corrie ten Boom
zitiert nach: http://www.evangeliums.net/zitate/corrie_ten_boom
(abgerufen am 1.1.2015).

»Der bekannte China-Missionar Hudson Tayler« von Jürgen Werth
zitiert nach: Jürgen Werth, Pssst – Stille finden in einer lauten Welt,
Gerth Medien, 2009, S.110.

»Der du allein der Ewge heißt« von Jochen Klepper
zitiert nach: Evangelisch-reformiertes Gesangbuch Schweiz, Nr. 554.

»Der russische Schriftsteller Tolstoi erzählt« von Frère Roger
aus: Frère Roger, Gott kann nur lieben, © Ateliers et Presses de
Taizé, 71250 Taizé, Frankreich.

»Die besten Gebete bestehen« von John Bunyan
zitiert nach: http://www.evangeliums.net/zitate/john_bunyan.htm
(abgerufen am 1.1.2015).

»Die Frucht der Stille ist das Gebet« von Mutter Theresa
zitiert nach: Petra Altmann / Anselm Grün, Das Glück der Stille:
52 Meditationen, spirituelle Impulse und Übungen für den Alltag,
Gräfe und Unzer Verlag GmbH, 2013.

»Du kannst nicht tiefer fallen« von Arno Pötzsch
zitiert nach: Evangelisch-reformiertes Gesangbuch Schweiz, Nr. 698.

»Fürbitten heißt« von Martin Luther
zitiert nach: http://gutezitate.com/zitat/131792 (abgerufen am
1.1.2015).

»Gebet ist das Atemholen der Seele« von Johann Wolfgang von
Goethe
zitiert nach: http://www.normanrentrop.de/zitate/segen.html (abgerufen am 1.1.2015).

»Gib mir einen reinen Sinn« von Dag Hammerskjörd
zitiert nach: Gebete und Segenswünsche für viele Anlässe, Brunnen-
verlag, S. 59.

»Gott ist so groß« von Theresa von Avila
zitiert nach: http://gutezitate.com/zitat/274939 (abgerufen am
1.1.2015).

»Gott, in mir ist es finster«
aus: Dietrich Bonhoeffer, Widerstand und Ergebung © 1998,
Gütersloher Verlagshaus, Gütersloh, in der Verlagsgruppe Random
House GmbH.

»Gott, gib mir die Gelassenheit« von unbekanntem Verfasser,
die Herkunft des Gebets wird verschiedenen Personen zugeschrieben,
mehr über die Geschichte dieses Gebets bei Frieder Schulz, Über die
Herkunft des »Gebets um Gelassenheit«, in: Theologische Beiträge.
Wuppertal 21 (1990), S. 98f.

»Herr, bei dir bin ich sicher« von John Henry Newman
zitiert nach: http://glaube-und-kirche.de/gebete.htm (abgerufen am
1.1.2015).

»Hilf mir, Herr, die Verworrenheit der Dinge« von Romano Guardini
zitiert nach: http://www.normanrentrop.de/zitate/segen.html (abgerufen am 1.1.2015).

»Ich bitte dich weder um Gesundheit« von Blaise Pascal
zitiert nach: Blaise Pascal, Gedanken über die Religion und einige
andere Gegenstände, Berlin, 1840.

»Ich bitte nicht um Wunder und Visionen« von Antoine de Saint-
Exupéry
zitiert nach: Antoine de Saint-Exupéry, Die Stadt in der Wüste,
Ullstein Verlag, 1956.

»Ich danke dir, mein himmlischer Vater«, der Morgensegen von
Martin Luther
zitiert nach: Evangelisch-reformiertes Gesangbuch Schweiz, Nr. 559.

»Ich glaube an Christus« von C.S. Lewis
aus: C.S. Lewis, Das Gewicht der Herrlichkeit © 1982 by Brunnen
Verlag Basel.

»Ich glaube, dass Gott aus allem, auch aus dem Bösesten«
aus: Dietrich Bonhoeffer, Widerstand und Ergebung © 1998,
Gütersloher Verlagshaus, Gütersloh, in der Verlagsgruppe Random
House GmbH.

»Ich glaube, dass Gott uns in jeder Notlage«
aus: Dietrich Bonhoeffer, Widerstand und Ergebung © 1998,
Gütersloher Verlagshaus, Gütersloh, in der Verlagsgruppe Random
House GmbH.

»Ich lag in schweren Banden« von Paul Gerhardt
zitiert nach: Evangelisch-reformiertes Gesangbuch Schweiz, Nr. 367.

»Ich weine vor dir « von Antje Sabine Naegeli
aus: Antje Sabine Naegeli, Die Nacht ist voller Sterne, Verlag Herder
GmbH, 2013, Freiburg i. Br, Seite 30, mit freundlicher Genehmi-
gung von Verlag Herder GmbH.

»In jeder Nacht, die mich umfängt« von Jochen Klepper
aus dem Gedicht: In jeder Nacht, die mich bedroht, 1939.

»Irischer Segen, Gott gebe dir für jeden Sturm« von unbekanntem
Verfasser,
zitiert nach: http://www.bk-luebeck.eu/sprichwoerter-irische (abgerufen am 1.1.2015).

»Irischer Segen« von Olivia Warburton
zitiert nach: Olivia Warburton, Gebete und Segenswünsche,
Brunnen-Verlag Giessen, S. 70.

»Je schöner und voller die Erinnerung« von Dietrich Bonhoeffer
aus: Dietrich Bonhoeffer, Widerstand und Ergebung © 1998,
Gütersloher Verlagshaus, Gütersloh, in der Verlagsgruppe Random
House GmbH.

»Lasst uns danach streben« von John Charles Ryle
zitiert nach: John Charles Ryle, Lukas – Band 2, Vers für Vers, 3L
Verlag, Friedberg, 2006.

»Man kann sagen, dass in jedem Gebet ein Engel auf uns wartet«
von Dorothee Sölle
zitiert nach: Dorothee Sölle, Die Hinreise – Zur religiösen Erfahrung, Kreuz-Verlag, Stuttgart, 1975, S. 81.

»Mein Herr und mein Gott« von Niklaus von der Flüe
zitiert nach: Evangelisch-reformiertes Gesangbuch Schweiz, Nr. 650.

»Meine persönliche Überzeugung« von Werner von Braun
zitiert nach: http://www.evangeliums.net/zitate/wernher_freiherr_
von_braun.htm (abgerufen am 1.1.2015).

»Menschen, die aus der Hoffnung leben « von Lothar Zenetti
zitiert nach: http://www.evangeliums.net/zitate/lothar_zenetti.htm
(abgerufen am 1.1.2015).

»Nun sich das Herz von allem löste« von Jochen Klepper
zitiert nach: Evangelisch-reformiertes Gesangbuch Schweiz, Nr. 777.

»Oh Herr, mach mich zu einem Werkzeug Deines Friedens« Franziskanisches Gebet aus Frankreich 1913
zitiert nach: Evangelisch-reformiertes Gesangbuch Schweiz, Nr. 800.

»Sich freuen heißt« von Karl Barth
zitiert nach: http://www.evangeliums.net/zitate/karl_barth.htm
(abgerufen am 1.1.2015).

»Spuren im Sand« von Margret Fishback Powers
zitiert nach: Was im Leben und im Sterben trägt – Ausgewählte
Texte, palliativ gr, S. 30.

»Und letztlich ist für mich der Glaube« von Cicely Saunders
zitiert nach: Cicely Saunders, Leben und Sterben, Spiritualität in der
Palliative Care, Theologischer Verlag Zürich, S. 37.

»Vom Sinn des Betens« von Luise Rinser
zitiert nach: Luise Rinser, Hat Beten einen Sinn? Verlag der Arche,
Zürich, 1966.

»Von guten Mächten wunderbar geborgen«
aus: Dietrich Bonhoeffer, Widerstand und Ergebung © 1998,
Gütersloher Verlagshaus, Gütersloh, in der Verlagsgruppe Random
House GmbH.

»Wachsendes Vertrauen« von Antje Sabine Naegeli
aus: Gesegneter Weg, Hrsg. Martin Schmeisser ©2000 Verlag am
Eschbach der Schwabenverlag AG, Eschbach/Markgräflerland.

»Was ist dein einziger Trost im Leben und im Sterben« Erste Frage des Heidelberger Katechismus von 1563
zitiert nach: Heidelberger Katechismus – Der gesamte Text, Revidierte Ausgabe 1997; 5. überarbeitete Auflage 2012.

»Welkes Blatt « von Hermann Hesse
aus: Hermann Hesse, Sämtliche Werke in 20 Bänden. Herausgegeben von Volker Michels. Band 10: Die Gedichte. © Suhrkamp Verlag Frankfurt am Main 2002. Alle Rechte bei und vorbehalten durch Suhrkamp Verlag Berlin.

»Wenn es so etwas wie Zukunftsmusik gibt« von Eberhard Jüngel
aus: Loccumer Arbeitskreis für Meditation, Verstehen durch Stille. Loccumer Brevier, Lutherisches Verlagshaus Hannover 2011, 5. Auflage der Neuausgabe, S. 174.

»Wenn meine Seele Tränen vergießt« von einer Litauischen Gefangenen
aus: Cicely Saunders, Beyond the Horizon, Verlag Darton, Longman & Todd Ltd, London 1990, S. 27, deutsche Übersetzung von Martina Holder-Franz.

»Wenn unsere Tage verdunkelt sind« von Martin Luther King
zitiert nach: Axel Kühner, Zuversicht für jeden Tag, Aussaat-Verlag, Neukirchen-Vluyn.

»Zum Gebet braucht es nicht« von Johannes Calvin
zitiert nach: http://www.evangeliums.net/zitate/johannes_calvin.htm (abgerufen am 1.1.2015).

Demnächst
von denselben Autoren erhältlich:

Da ist Freude –
Freudenstrahlen
finden im Alltag

Dan Holder und Martina Holder-Franz
(Hrsg.)

Verlag arteMedia
www.arte-media.ch